Wilhelm Vischer

Das Urner Spiel vom Wilhelm Tell

Nach der Originalausgabe neu herausgegeben

Wilhelm Vischer

Das Urner Spiel vom Wilhelm Tell
Nach der Originalausgabe neu herausgegeben

ISBN/EAN: 9783743385436

Hergestellt in Europa, USA, Kanada, Australien, Japan

Cover: Foto ©ninafisch / pixelio.de

Manufactured and distributed by brebook publishing software (www.brebook.com)

Wilhelm Vischer

Das Urner Spiel vom Wilhelm Tell

Das Urner Spiel

vom

Wilhelm Tell.

Nach der Originalausgabe neu herausgegeben

von

Wilhelm Vischer.

Basel.
Buchdruckerei von C. Schultze.
1874.

Herrn Professor Georg Waitz

bei der Feier

seiner fünfundzwanzigjährigen Lehrthätigkeit in Göttingen

von seinen Basler Schülern

in dankbarer Verehrung

überreicht.

Als Beilage zu meiner Schrift über die Sage von der Befreiung der Waldstädte (Leipzig, F. C. W. Vogel, 1867) habe ich einen neuen Abdruck des Urner Spiels vom Wilhelm Tell gegeben, auf Grundlage des ältesten der mir damals vorliegenden Texte, dem einer undatierten Straszburger Ausgabe.*) In meiner Stellung als Bibliothekar der Universität Basel, die ich kurze Zeit nach der Herausgabe jener Schrift antrat, hatte ich die Freude, auf der meiner Leitung anvertrauten Bibliothek auf ein Exemplar einer Ausgabe des Urner Spiels zu stoszen, die älter ist, als alle, welche ich bis dahin gekannt hatte. Sie befindet sich in einem Sammelbande, der im Jahre 1554 dem „Pangratz von Stoffeln obervogt zů Duttlingen" gehörte. Ich lasse hier fast unverändert die Bemerkungen folgen, die ich im Anzeiger für schweizerische Geschichte und Alterthumskunde Band III (Zürich 1867, 1868) S. 113 ff. über diese Ausgabe veröffentlicht habe.

„Wie alle von mir a. a. O. aufgezählten Ausgaben enthält auch diese 24 Blätter in klein 8°, von welchen jedoch das letzte ganz leer ist. Das Titelblatt hat folgende Aufschrift:

Ein hüpsch Spyl | gehalten zů Vry in der Eyd- | gnoschafft, von dem frommen vnd er- | sten Eydgnossen, Wilhelm | Thell genannt. |

(Holzschnitt: das Wappen von Uri, auf jeder Seite ein Mann in der Tracht des Uristiers, der das Horn bläst, also dasselbe Titelbild, das sich, jedoch so viel mir erinnerlich, etwas hübscher

---

*) In Betreff dieser Ausgabe will ich bei dieser Gelegenheit nachtragen, dass auf dem Titelblatt nicht „erschelgt« steht, wie S. 157 Z. 10 meiner Schrift gedruckt ist, sondern »erschlegt« (vgl. S. 167)

VI

ausgeführt, in der Basler Ausgabe von 1579 findet, s. S. 159 meiner Schrift).

¶ | Getruckt zů Zürich by Au- [gustin Friesz. |
Die Rückseite des Titelblattes, welche bei den andern Ausgaben das Verzeichnisz der Personen enthält, ist hier leer. Der Text des Stückes beginnt auf Bl. 2 a und endet auf Bl. 23 a. Holzschnitte enthält die Ausgabe acht: das eben erwähnte Titelbild, sechs Bilder zu den Vor- und den Schluszreden und eine Darstellung des Apfelschusses auf Blatt 11 a, zwischen den Worten „das kind redt zum vatter also" und „Ach vatter liebster vatter min", dieselbe, die sich auf dem Titelblatt des Frieszischen Druckes des Liedes vom Ursprung der Eidgenossenschaft findet. Das Bild zur Vorrede des ersten Herolds ist dasselbe wie das Seite 158 meiner Schrift beschriebene des zweiten Herolds der Straszburger Ausgabe.*) Bild zum zweiten Herold: Ein König mit Mantel und Krone. Zum dritten: Ein Krieger, mit einem groszen Schwert umgürtet, mit der Rechten auf einen Spiesz oder eine Hellebarte gestützt, die Linke in die Seite gestemmt. Zum vierten Herold: Dasselbe wie zum ersten. Zum Beschlusz: Zwei auf einander zuschreitende Männer, derjenige rechts mit langem Barte, langem Gewande, die Rechte auf einen Stab gestützt, am Gürtel einen Rosenkranz und eine Schüssel, der links ebenfalls bärtig, in pelzverbrämtem Mantel, in der Rechten einen Rosenkranz.**) Zum Beschlusz des Narren: Ein Köpfchen mit Schellenkappe.

---

*) Das Wappenschild rechts, über dessen Bedeutung ich beim Niederschreiben der angeführten Stelle zweifelhaft war, ist nichts anderes als das Wappen von Colmar, ein Streitkolben, wozu der Reichsadler auf dem Schilde links sehr gut passt. (Vgl. Schöpflin, Als. ill. II. 370. Baquol, l'Alsace ancienne et moderne, Ausgabe v. Ristelhuber, Planche I.) Die Figur dieses Herolds ist demnach wohl aus irgend einem Colmarer Druck entnommen.

**) Es ist offenbar ein Auftritt aus irgend einem andern Stück, dessen Darstellung an diese Stelle herübergenommen ist. Der Alte rechts kommt, nur in andern Stellungen, mehrmals vor in Holzschnitten zu dem gleichfalls bei Friesz gedruckten Spiel »wie man alte wyber jung schmidet", das sich in dem erwähnten Sammelbande findet.

Der Text unsrer Ausgabe giebt sich sofort als den ursprünglichsten aller der uns erhaltenen Texte zu erkennen: Sprache und Orthographie tragen noch unverwischt den alterthümlich schweizerischen Charakter. Während die andern Ausgaben das lange i, u, ü theilweise durch ei, au, eu ersetzen, wobei dann freilich Reime wie pfeil—subtyl, kind—freund u. dgl. herauskommen, werden hier die ursprünglichen Laute streng festgehalten, das alte „ou" wird noch durchweg statt des modernen „au" gesetzt, das h als Dehnungszeichen nicht angewandt, in den drei Personen des Plurals der Verba consequent nd geschrieben. Ferner finden sich einzelne Worte und Sätze, welche in allen andern Ausgaben entstellt sind, hier noch in ihrer richtigen Form. Der Cunno Abatzellen der Straszburger Ausgabe, der in der Folge zum Apatzeller und Appenzeller wird, heiszt hier noch Abaltzellen, als Datum der Schlacht bei Sempach ist angegeben — montag Was (die andern Ausgaben haben statt dessen „Nach") des heiligen Cyrillus tag. —

Im übrigen schlieszt sich der Text der Straszburger Ausgabe so ziemlich dem unsrigen an, indem nur hie und da kleine Aenderungen *) vorgenommen sind, welche dann auch die spätern Ausgaben angenommen haben.

Fragen wir nach der Zeit, aus welcher dieser Druck stammt, so haben wir uns zu erinnern, dass das „gebesserte" Tellenspiel von Ruef, das am Neujahrstage 1545 in Zürich aufgeführt wurde, ebenfalls bei Augustin Friesz gedruckt ist. Der Druck des ursprünglichen, noch nicht „gebesserten" Stückes ist demnach mit ziemlicher Sicherheit über das Jahr 1545 hinaufzurücken, und es ist anzunehmen, dass eben aus unsrer Ausgabe Ruef das Spiel kennen gelernt, das er dann umzuarbeiten für gut fand.

---

*) Ich möchte hier Eine hervorheben. Vor dem Apfelschusz redet das Kind den Vater an:
   Ach vatter, liebster vatter min,
   Ich bin doch allzyt din liebster sun gsyn.
An dieser Stelle haben die spätern Herausgeber Anstosz genommen, sie setzen:
   Ich bin doch allzeit dir lieb gesein.

VIII

Ich glaube, wir irren nicht, wenn wir annehmen, dasz der vorliegende Druck der erste ist, der von dem Urner Spiel gemacht worden, und dasz Augustin Friesz, aus dessen Werkstatt der erste uns bekannte Druck des Liedes vom Ursprung der Eidgenossenschaft, wahrscheinlich der erste überhaupt, in jedem Falle der, durch welchen das Lied in weitern Kreisen bekannt geworden, hervorgegangen, auch das Verdienst hat, das Urner Spiel zuerst herausgegeben und einem weitern Publicum bekannt gemacht zu haben.

Wie die zahlreichen spätern Ausgaben beweisen, hat dieses Urner Spiel in seiner ursprünglichen Gestalt dem Publicum besser zugesagt als die Umarbeitung Ruefs. Aus der Ausgabe dieses letztern sind aber in jene Ausgaben die Darstellungen der im Stücke enthaltenen Begebenheiten übergegangen (Vgl. Mayer in der Vorrede zu seinem Wiederabdrucke Ruefs S. 37 mit meiner Schrift S. 158 ff.)."

Ich füge noch hinzu, dass die Frieszische Ausgabe, (die wir als Ausgabe a bezeichnen mögen) keine Blätter- oder Seitenzahlen enthält, sondern nur rechts unten auf den betreffenden Blättern die Signatur Aij, Aiij, Aiiij, Av, B, Bij, Biij, Biiij, Bv, C, Cij, Ciij, Ciiij, Cv. — Das Spiel zählt in unsrer Ausgabe zwei Verse weniger als in den spätern, welche nach Vers 330 noch das Reimpaar eingeschoben haben:

Dann das ich gern die waal han,
So ich mûsz ein gforlichen schutz bstan.

Die Nachrichten, die meine Schrift S. 157 ff. über die spätern Ausgaben enthält, ergänze ich dahin, dasz von der Ausgabe von 1740 sich auch auf der öffentlichen Bibliothek (Universitätsbibliothek) in Basel, von derjenigen von 1765 im Besitze des Hrn. Bibliothekars Dr. Karl Meyer daselbst ein Exemplar befindet.

Bei dem Abdrucke des Textes habe ich in Betreff der Anwendung von u und v, i und j, des Gebrauchs der Majuskeln, der Interpunktion u. s. w. die Grundsätze befolgt, die ich in meiner Schrift S. 164 f. angegeben, „un" mit einem Strich über dem n habe ich in „und", „um" mit einem Strich über dem m in

„umb" aufgelöst, welch letztere Form sich an sehr vielen Stellen unseres Textes ausgeschrieben findet. , Druckfehler wie in der Ueberschrift vor Vers 125 „laudtvogt" statt „landtvogt", Vers 667 „Am dem" statt „An dem" habe ich stillschweigend berichtigt. Dagegen habe ich an einigen Stellen, wo der Text offenbar durch den Drucker verderbt worden ist, wo es sich aber doch nicht um Druckfehler im eigentlichen Sinne des Wortes handelt, die entstellten Lesarten so abgedruckt, wie sie sich in der vorliegenden Ausgabe finden und aus ihr auch in die zunächst folgenden Ausgaben übergegangen sind, so Vers 572 „Nüse" statt „Nansse" (vgl. Geschichtsfreund VI, 172, 178), Vers 695 und 713 die falschen Capitelangaben „am fünfftzehenden" und „am viertzehenden". Dasz das unrichtige und gar nicht in den Reim passende Nüse nicht von dem Dichter herrührt, ist eben so klar, als dasz dieser nicht ein fünfzehntes Capitel des Epheserbriefes oder ein vierzehntes des Propheten Daniel citiert hat. „Nüse" statt „Nansse" findet sich, wie ich S. 193 meiner Schrift über die Waldstädte in der Variantenrubrik bemerkt habe, auch in dem Frieszischen Drucke des Liedes vom Ursprung der Eidgenossenschaft und vom Herzog Karl von Burgund. — Vers 702 erfordert der Sinn ein „als" oder „wie" vor „die lantzknecht", und das Fehlen eines solchen Wortes ist ohne Zweifel entweder als Druckfehler oder als Schreibfehler der zum Drucke benutzten Handschrift zu erklären, es ist aber auch dieser Fehler in die nächstfolgenden Ausgaben übergegangen. — Bei dieser Gelegenheit mag auch ein Irrthum berichtigt werden, den ich bei meinem frühern Abdruck begangen, indem ich Vers 184 das „scheib" der Ausgabe A gegen das „schieb" der spätern Ausgaben vertauschte: scheiben (schiben) ist = rollen, wälzen. Die Frieszische Ausgabe hat noch die alte Form „schyb".

Zu Vers 546 hatte ich S. 191 die Bemerkung gemacht: „Die Anwendung dieses Wortes (Rogen) zur Bezeichnung einer Schaar von Menschen ist mir nur aus dieser Stelle bekannt." — Nun ist aber die Anwendung des Wortes eine andere. Die Truppen Leopolds

werden nicht als Rogen bezeichnet, weil sie eine zahlreiche Masse
bildeten, wie die Fischeier, sondern weil sie etwas vorzügliches
waren, wie der aus dem Leibe des Fisches herausgenommene
Rogen. Wir finden dieses Wort gebraucht, um eine gute Beute
zu bezeichnen, so begegnet es mehrfach in den Briefen eines
jungen Basler Theologen, der während des Toggenburger
Krieges von 1712 in einer vornehmen Berner Familie die Stelle
eines Hauslehrers bekleidete und über die kriegerischen Zeit-
ereignisse nach Hause berichtete (Diese Briefe sollen demnächst
in den Beiträgen der Basler historischen Gesellschaft veröffent-
licht werden). Am meisten im Anschlusz an die ursprüngliche
Bedeutung erscheint es in folgendem Satze: „200 von den flüch-
tigen Feinden sind ... ersoffen, welche nun die welschen Sol-
daten ... herauszfischen und gute Rogen auszunehmen, wie sie
dann auff einem allein 150 Thaler ... gefunden." — An einer
andern Stelle heiszt es: „Die herrliche äbtische Bibliothek ist
getheilt, und die Herren Zürcher, wie man schreibt, den besten
Rogen bekommen." Mehrere Beispiele giebt auch Schmeller
(Band II, S. 76 der Ausgabe von Frommann). An unsrer Stelle
bedeutet das Wort in Folge einer weiteren Uebertragung nicht
ein werthvolles Beutestück, sondern ein werthvolles Besitzthum,
einen werthvollen Gegenstand überhaupt, das stattliche Heer,
das Herzog Leopold bei Sempach in den Kampf führte.

Castiun (Vers 569) ist allerdings das von mir vermuthete
Dorf Castione oder Castiglione unfern des Zusammenflusses von
Tessin und Moesa. Dasz aber die Erwähnung desselben mit
der Schlacht bei Giornico nichts zu thun hat, sondern sich
auf ein um die Mitte des 15. Jahrhunderts vorgefallenes
Treffen bezieht, hat mein Freund Professor Gerold Meyer von
Knonau in dem Jahrbuch für die Litteratur der Schweizerge-
schichte 1867, S. 31 Anm., nachgewiesen. Das dem Jahrzeitbuch
von Schachdorf einverleibte Verzeichnisz der in den verschiedenen
Schlachten der Eidgenossen gefallenen Urner verlegt (Geschichts-
freund VI, 177) den „strit zuo Castilium" auf den 20. Juli 1449,
während Etterlin, nachdem er die Schlacht auf dem Buchberg

erzählt hat, fortfährt (Bl. LXXIX[b] der Ausgabe von 1507, S. 179 des Abdrucks von Spreng): Disz ist beschechen, do man zaltt nach der geburt Christi tusent vierhundert viertzig und acht jar. Der selben zitt uff den zweintzigosten tage hewmonatz beschach eyn grosse schlacht von den Eydtgenossen mit dem hertzogen von Meyland vor Castilian &c. Da wurdent von beden parthyen vil volck erschlagen." Die erstere Angabe ist wohl die zuverläszigere. Es ist sehr wahrscheinlich, dasz das Schlachtenverzeichnisz, dem sie entnommen ist, unserem Dichter bekannt gewesen. Dasselbe wurde angelegt in Folge eines Beschlusses der Landsgemeinde vom 21. Juni 1489 (so ist das fierzechen hundert und nün jar, Geschichtsfreund VI, 173, im Hinblick auf den Schlusz von S. 178 zu ergänzen) und späterhin fortgeführt.

Möge der verehrte Jubilar, dem ich seiner Zeit meine Schrift über die Sage von der Befreiung der Waldstädte zugeeignet, diese Ergänzung derselben als kleine Gabe zu der ihm von seinen dankbaren Schülern bereiteten Feier wohlwollend entgegennehmen, und mit ihr die Glückwünsche derjenigen unter ihnen, die von der Universität Basel herübergekommen in seinen historischen Uebungen reiche Belehrung gefunden haben, deren Früchte sich, wie sie hoffen, in ihrem eigenen Wirken auf dem Gebiete der historischen Wissenschaft nicht unbezeugt lassen werden. Es sind die Herren Dr. Berthold Brömmel und Dr. Hans Frey, beide in Basel, Julius Werder in Brugg, Dr. Heinrich Boos, zur Zeit noch in Gœttingen, und der Unterzeichnete, dem es eine Freude gewesen ist, diese, denen er als älterer Freund oder als Lehrer nahe gestanden, zu den Füszen des Meisters sich setzen zu sehn, dem er selbst die kräftigste Anregung und eine bleibende Förderung seiner Studien verdankt.

Basel im Juli 1874.

Wilhelm Vischer.

Ein hüpsch spyl

gehalten zů Ury in der Eydgnoschafft

von dem

frommen und ersten Eydgnossen

Wilhelm Thell

genannt.

Getruckt zů Zürich

by Augustin Friesz.

Bl. 2. Die vored des ersten herolds.

O herre Gott im höchsten thron,
Wir sönd dir billich dancken schon;
Dann du bist durch din barmhertzigkeit
Den verlasznen allzyt zů hilff bereit.

Bl. 2b. Desz man yetz wirt ein byspil han, 5
Was Gott mit Wilhelm Thell hat than,
Der zů Ury ein frommer landmann was.
Ein vogt uff in warff nyd und hassz,
Ab siner frommkeit hat er verdriessen,
Darumb er sinem kind mŭszt schiessen 10
Ein öpffel klein mit einem pfyl,
Darumb das er da was subtyl
Mit eim armbrust zur selben zyt,
Welchs nun eins vatters hertz nit gyt,
Sin eigen kind also zů schmähen. 15
Nun hörend, warumb das ist bschähen:
Allein durch hassz und übermůt,
Welches doch die lenge nie that gůt
Und mag ouch nit erlitten werden.
Ee wirt mengs rych zerstört uff erden, 20
Als vorzyten ouch bschehen ist
Vor der geburt herr Jesu Christ,
Welches zů Rom von Lucretia gsehen,
Als iren von Sixto was beschehen.
Deszglychen man hie sol verston 25
Und hie zů einer glychnusz hon.
Dann Lucretia das fromm wyblich bild
Ward zwungen, drungen gantz unmilt

Und wider iren willen übers zyl;
Verglycht sich wol desz Thellen spyl,
Und hand beid historien glyche gstalt.
Als getriben ward so manigfalt
Mit den Römern so hert und vast,
Das inen der grosz überlast
Zů lyden nit was, und fiengend an,
Verjagtend den küng und all sin mann,
Desz sy in fryheit thatend kommen:
Eben deszglychen han vernommen,
Das also mit den dry lendern ghandlet sy,
Als Ury und ouch Schwytz darby,
Ouch zů Underwalden deszgelych,
Mit übermůt unmässigklich.
Dann wenn einer hat wyb oder kind,
Deszglychen ochsen, rinder oder fründ,
Die dem landtvogt gefielend wol,
By miner trüw ich die warheit sagen sol,
So woltend sy es ouch haben bald,
Es galt inen glych, mit lieb oder gwalt.
Darumb ouch der fromm Wilhelm Thell
Můszt schiessen geschwind und schnell
Ein öpffel ab der scheitlen fyn
Sim liebsten sun nit on grosse pyn,
So Wilhelm Thell am hertzen trůg,
Und mit im meng frommer Urner klůg.
Darumb gryffts der Thell gar wyszlich an,
Als dann billich thůt ein bydermann,
Und thet den landvogt ouch erschiessen,
Der můszt dise sach ouch allein bůssen.
Des ward zů Ury ein fryer stand,
Zů Schwytz, zUnderwalden in allem land.
Ich wil disz yetz gantz lassen ston,
Wil reden, wie man in die land ist kon.

Der ander herold.

Bl. 4.
Ein künig genant Achalia,
Geborn usz der landschafft Cithia,
Mit zweyen geschlechten, warend bekant
Und die Gotthi und Huni genant,
Die sind in Italien kommen,
Das selb erobert, ouch Rom gwonnen,
Dise warend ouch dapffer reissig lüt,
Gewunnend und thatend mengen stryt.
Also behieltend sy das gantz Italiam
Zwey und sibentzig jar lang.
Durch ire küng so blibend sy da,
Bisz ein küng, namlich Totila,
Welcher der Gotthin letster was,
Verstand in Italia, vermerck das,
Under welchem sy wurdend fast vertriben,
Das ir gar wenig überbliben,
Die andren all zů tod erschlagen
Mit sampt dem küng, thů ich üch sagen.
Desz floch ein rot über den Gotthart har
Nach Christi geburt fünffhundert jar
Und acht und achtzig jar gezalt.
Die satztend sich zů Ury, jung und alt,
Daselbst sind sy also bliben,
Das ist in aller chronick bschriben.
Wannen aber die von Schwytz entsprungen?

Bl. 4b.
Usz Schweden sind die selben kommen
Und hand sich zů Schwytz nider glan.
Ouch Underwalden, als ich verstan,
Die selben von Rom har kommen sind.
Dise all buwtend geschwind,
Zugend zů nutz das land und erdtrych,
Das erworbend sy vom römischen rych.

Der dritt herold.

Nach Christi geburt, sag ich fürwar,   95
Do man zalt achthundert und ein jar,
Ward Karolus der grosz zů keiser gmacht.
Also ward ouch deren von Ury gedacht,
Das sy noch im unglouben läbtend
Und die abgötter noch anbätend.   100
Desz für der keiser Karolus dar
Und bracht sy zů christlichem glouben gar.
Das bracht er in einer zyt zů wegen,
Darnach gesellet sich, merckend eben,
Disz dry lender zůsamen mit sitten   105
Bisz zů graf Růdolf von Habspurgs zyten.
Der selb nach Christi geburt fürwar
Im tusent und zweyhundert jar
Und dry und viertzig jar darneben
Beredt er die dry lender eben,   110
Das sy sich under sin herrschafft hand
Gůtigklich ergeben mit irem land.
Als aber nach dem ein keiser ward,
Wurdend sy bevogtet ungespart,
Welche vögt grosz můtwillen tribend,   115
Es wer mit mann, kind, vych oder wyben,
Desz der ein vogt ward zetod erschlagen
Zů Underwalden in einem bade,
Der ander zů Ury erschossen.
Desz entsprungend die eydgnossen,   120
Als dann ich vor ouch geredt han,
Ir werdends yetz im spyl basz verstan.
Darumb so losend eben und wol,
Das spyl sich yetz anheben sol.

Yetz kumpt der landtvogt selb dritt gen Ury zů der gemeind und spricht:

Nun losend, ir buren alle sampt, 125
Darumb ich bin kommen in disz land:
Hertzog Albrecht vonn Oesterrych geborn
Hat mich üch zum vogt uszerkorn.
Darumb wil ich üch das yetz gseit hon,
Ich wird üch anders machen underthon, 130
Weder vorhin villycht beschehen ist,
Das sagen ich üch zů diser frist.
Ich wil üch ouch die nät basz bstrychen,
Mir thůgend dann min sinn entwychen.
Darumb sind ghorsam mim gebott, 135
Sunst wirt an üch syn jamer und not.

Nun gadt Wilhelm Thell an ein ort nebent sich, unnd im gefalt die sach nit, in dem findet er den Stouffacher und spricht:

Bl. 6.   Bisz Gott willkomm, lieber fründe min,
Was mag doch din geschäfft hie syn,
Das du so ylends thůst her gan,
Als ob dir etwas schwers läge an? 140

Antwort der Stouffacher, so kumpt ouch Erni usz Melchthal und loszt inen zů.

Fründ Wilhelm, das wil ich dir sagen:
Ich můsz dir von unserm vogt klagen,
Der wil mich tryben von husz und heim,
Das mag niemant wenden dann Gott allein.

Damit ich aber dir syg basz bekant, 115
Ich bin Stouffacher von Schwytz genant.

Erni usz Melchthal spricht zů inen beiden:

Yetz hör ich, was ir ůch thůnd klagen,
Desz můsz ich ůch ouch min kummer sagen.
Ich heisz Erni usz dem Melchthal,
Aber Underwalden ist mir vil zů schmal, 150
Das selbig han ich müssen verlan.
Min vatter hat zwen schön ochsen ghan,
Die wolt im der vogt nemmen mit gwalt,
Darwider ich mich zů weer stalt,
Dem knecht ich ein finger entzwey schlůg, 155
Gedacht ich zů fliehen wer min fůg.
Was hat aber der vogt minem vatter thon?
Hat im die ougen uszstechen lon,
Darzů im genommen all sin gůt.
Ach wie wee das mir im hertzen thůt! 160

Wilhelm Thell.

Lieber fründ, din kummer ist mir leid,
Ich red das ouch uff minen eyd,
Das yetz aber ein vogt ist kommen,
Der dröuwet uns fast, han ich vernommen,
Die nät wöl er uns bstrychen basz. 165
Nun sind wir doch gantz träg und lasz,
Das wir von inen uns nit entschüttend
Und sy gantz usz unserm land rütend.
Dann hette yederman minen sinn,
So schlůg ich mit der funst darinn. 170

Der Stouffacher.

Fründ Wilhelm, du redst ein gůte sach.
Wir müssend warlich thůn gemach

Bl. 7.

Und in diser sach han wysen radt,
Ouch wider heim keren schnell und tradt
Und das anzeigen unsern fründen, 175
Die selben thünd sich zů uns verbinden.
So unser dann wirt ein michel teil,
So mögend wir mit glück und heil
Einander dapffer bystand thůn
Und in unserm land machen frid und sůn. 180

Wilhelm Thell.

So verheissend das einander bhend
Und thůnds geloben in die hend,
Damit es ouch verschwigen blyb,
Und sich die sach zum besten schyb.
So unser eim dann lyt etwas an, 185
Mögend wir ins Rütly zů radt gan,
Welches deszhalb zum mitlesten lyt,
Daselbs einander klagen was uns anlyt.

Der Stouffacher.

Disz sönd wir nemmen an die hand,
So hat unser sach ein vesten bstand. 190
Wenn wir handlend vest und verschwigen,
So werdend wir gwüszlich obligen.

Also bietend sy einander die hend und scheidend von einander,
und gadt ein yegklicher an sin ort heim, do redt der
landtvogt von Ury zů sinem knecht:

Bl. 7b.

Heintz Vögeli, lieber knecht min,
Ich hab bedacht ein gůten sinn,
Ob ich möcht mine buren paschen 195
Und bringen ir gelt in min kasten.
Darumb so lůg, das du zů zyten,
So ich usz disem land wird ryten,

Ufsteckest minen hůt in die strasz
Under die linden, und gebüt ouch das, 200
Welcher bur hingang für den hůt
Und dem selben nit eer anthůt
Und sich neigt, als ob ich selbs da wer
In eigner person, on alle gfer,
Dem selben wil ich nemmen sin läben, 205
Můsz mir ouch all sin gůt gäben.

  So redt Heintz Vögeli.

  Herr, dises sol doch ylents bschehen,
  Thů ich by miner trüw veryehen.

Der vogt ryt hinweg, do stackt der knecht den hůt uf
und redt also:

  Nun losend zů, ir lieben fründ,
  Ein nüwes gbott ich üch verkünd, 210
  Das unser herr vogt gebieten thůt:

Bl. 8.   Welcher yetz gadt für disen hůt
  Und im nit grosz eer thůt erzeigen,
  Als dem vogt selbs, und thůt sich neigen,
  Den wil er straaffen an lyb und gůt, 215
  Drumb neigend üch gen disem hůt.

Also gond vil buren für den hůt und neigend sich, und der Thell gadt ouch darfür und thůt im kein eer an; so das ersicht der knecht, redt er zum Thellen also:

  Thell, wie bist du so ein grober mann,
  Das du für mins herren hůt darffst gan,
  Neigst dich nit, thůst im kein reverentz,
  Fürwar wüssz, ich sags mim herren bheutz. 220

  Wilhelm Thell redt zum knecht:

  Was eer sol ich anthůn disem hůt,
  Der mir weder gůts noch bösz thůt?

Minem herren wolt ich gern eer anthůn,
So er hie wer in eigner person.

So redt Heintz Vögeli.

Mim herren wird ichs nit verschwygen, 225
Darumb wil ich nit lang mit dir kyben.

Bl. 8b. In dem so kumpt der herr geritten, so spricht
Heintz Vögeli zů im:

Lieber herr, sol ich üch nit sagen,
Das der Thell hat gantz abgeschlagen,
Verachtet ouch gantz üwer gebott,
Dem hůt er ouch gantz kein eer anthůt. 230

Der vogt redt zů sinen knechten:

Nun gond mir hin zum Thellen bald
Und bringend mir in her mit gwalt,
So ferr er nit wil gůtwillig syn,
So fůrend in gefencklichen hyn.

Yetz gond die diener mit einander zum Thellen und fahend in,
sprechende:

Thell, du můst dich gefangen gäben, 235
Oder es kostet dir din läben.

Der Thell redt:

Dem gwalt mag ich nit widerstan,
Wil ouch sterben wie ein bydermann.
Dasz ich hab thon, drumb förcht ich mir nit,
Desz helff mir Gott und ouch byderblůt. 240

Bl. 9. Sy fůrtend den Thellen zum herren, der herr redt
zů im also:

Wilhelm Thell, du bist ein stoltzer mann,
Warumb hast mim hůt nit eer anthan?

Min gbott hast ouch thûn verachten,
Ich wil dichs leeren basz betrachten.

Wilhelm Thell.

Gnädiger herr, thûnd mich basz verston: 245
Als ich für üwern hût thet gon,
Han doch üwerm knecht thûn sagen
Und im doch gar nüt abgeschlagen,
Das ich üwer eigner person
Allwegen gern wolt eer anthûn. 250

Der landtvogt.

Thell, es darff diser wort nit vil,
Wiewol ich dich vast wol demmen wil.
Du hast erzeigt grossen übermût
Und kein eer anthon minem hût.
Darumb so bringend mir her sine kind, 255
Ich wil im sin listigkeit machen lind.

Die diener reichend sine kind, und der Thell redt also:

Bl. 9b. Ach herr, im besten hab ichs gthon
Und uff min eyd gmeinet gehon,
So es doch were nun ein filtzhût,
Den selben zû eeren wer nit gût. 260

Nun kommend die diener mit den kinden, unnd der herr redt
also:

Ich wil dich leeren, dast solt syn
Gehorsam den gebotten min.
Darumb so sage mir, Wilhelm, nun:
Welcher ist dir der liebste sun?

Der Thell.

Herr, under inen han ich kein wal 265
Und sag es warlich uff disz mal.

So ir es aber doch wend wüssen,
Den jüngsten thůn ich am meisten küssen.

Do hiesz der vogt die andere kinder hinweg fůren und behielt
den jüngsten sun und spricht zum Thellen also:

Bist du so ein gůter schütz, als man seit,
So sage ich dir uff minen eydt, 270
Das du mûst disem kinde din,
Bl. 10. Dann sömlichs sol din bůsse syn,
Einen öpffel ab sinem houpt thůn schiessen.
Kanst du das, so mûst sin gniessen,
Triffst du in aber nit desz ersten schutz, 275
Fürwar, es bringt dir wenig nutz,
Und sölte dich botz marter schenden,
So můsz dir sömlichs niemant wenden.

Der Thell.

Ach gnädiger herr, was zyhend ir mich?
Ist das nit gantz unnatürlich, 280
Das ich dem liebsten kinde min
Sol und mûsz nemmen das läben sin
Durch sölcher schlechter ursach willen?
Ach herr, thůnd ůwern zorn stillen.
Wer ich vernünfftig, witzig und schnell, 285
So were ich nit genant der Thell,
Darzů so ist mir ungferd beschehen.
Ach gnädiger herr, thůnd mirs übersehen.

Der landtvogt.

Nüt, nüt, Thell, du mûst dran,
Dann kein gnad solt an mir han. 290
Ich wil mich an üch buren rechen,
Bl. 10b. Und solt üch das hertz im lyb zerbrechen.

So wil der Thell wider reden unnd spricht: Ach gnädiger herr,
so falt im der herr in die red und spricht:

14

  Nemmend und fürend den böszwicht hin,
  Das und kein anders müsz nun syn.

So stellend sy das kind dar, und im setzt der landtvogt den
öpffel uff sin houpt, also rüst sich der Thell zů schiessen und
     redt also:

  Gklagt syg es Gott von himmelrych,   295
  Ouch Jesu Christ sim sun deszglych
  Und heilgem geist im himmel gůt,
  Das ich min eigen fleisch und blůt
  Ertöden můsz, darumb schend an,
  Ir frommen frouwen, ouch ir mann,   300
  Nemmend dise tyranni zů hertzen,
  Hand ein mitlyden und mit mir schmertzen,
  Bittend ouch Gott trüwlich für mich,
  Das ouch Jesus Christ erbarme sich
  Und mich behůt und min liebstes kind.   305
  O ir uszerwelten lieben fründ,
  Zů sterben wer mir ein kleine bůsz,
  Dann das ich zů minem kind schiessen můsz.

Bl. 11. Nun steckt der Thell ein anderen pfyl in das goller und
rüst sich zů schiessen. Das kind redt zum vatter also:

  Ach vatter, liebster vatter min,
  Ich bin doch allzyt din liebster sun gsyn.   310
  Warumb wilt mich dann schiessen zetodt,
  So ich allzyt bin ghorsam dim gebott?

    Antwort der vatter:

  Ach sune, liebstes kinde min,
Bl. 11b. Es můsz wider minen willen syn,
  Darumb so setz Gottes hilff ze henden,   315
  Ich hoff, er werd unsern schmertzen wenden.
  Des ich hoff in Gottes huld,
  Er lasz dich nit töden umb unschuld.

Darumb hab Gott im hertzen din,
Dann warlich leider es müsz syn. 320

So schüszt der Thell unnd trifft den öpffel on letzung desz
kinds, so redt der landtvogt zum Thellen:
Das ist warlich ein meisterschutz,
Red ich uff min trüw on allen trutz.
Lieber Wilhelm, sag mir aber an:
Was hast mit dem pfyl im goller than,
Oder was hast du damit gemeint? 325
Sagst du mir das, so sind wir vereint.

Der Thell.

Was solt ich damit gemeint hon?
Es ist min gwonheit und alt herkon.
Darzů bruchends ouch ander schützen,
Sunst thůt es mich nüt anders nützen. 330

Der landtvogt.

Bl. 12 Thell, ich verstan mich ouch uff liegen,
Du wirst mich ouch nit also betriegen.
Dann ich die warheit ye wil wüssen.
Sagst du es mir, so solt sy gniessen,
Darffst dir nit förchten umb din läben, 335
Ich wil dir desz ein sicherung gäben.

Der Thell.

So ir mir fristend min läben,
Die warheit wil ich üch sägen.
Die sage ich üch vest und gůt,
Das ich han ghan in minem můt, 340
Hett ich min eigen kind erschossen,
Ich wölt üch warlich ouch han troffen.

Der landtvogt.

Ich han dir wol gfrist din läben,
Das kan ich dir nit vergäben,
Sonder ich wil dich lan verschliessen
In einem thurn, da müst du büssen.
Dich sol bschynen weder son noch mon,
Darfür wil ich dir legen ein rock an,
Wil dich also spysen und trencken,
Es wer dir wäger, ich liesz dich hencken,
Du böszwicht, dasz dich botz marter schend!
Bindend im von stund an sine hend,
Er müsz gen Küsznacht uff das schlossz.
Das in Sant Veltins plag anstosz!
Mir ist, ich thů den braten schmecken,
Darumb wil ich im die riemen strecken.

Yetz werffend sy in nider unnd bindend in und fůrend in in das schiff, zů faren gen Küsznacht, unnd do sy ein wyl gefaren sind, do redt der ein knecht zum herren:

Ach gnädiger herr, ir schend wol,
Das unser schiff schier ist wassers voll,
Kumpt uns nit zů hilff der ewig Gott,
So mögend wir nit entrünnen dem tod.
So ist der Thell ein erfarner mann,
Im wasser das schiff wol leiten kan,
Darumb lond in ufbinden ze stund,
Das wir nit sterbend in wassers grund.

Der landtvogt redt zum Thellen:

Lieber Wilhelm, kanst du wol faren?
So thů es doch nit lenger sparen,
Hilff uns und ouch dir selbs darvon,
So wil ich dich ufbinden lon.

Der Thell antwort:

    Herr, so ich wer ufgebunden,
Sorgte ich nit zû disen stunden,   370
Uns mit der hilff Gottes helffen wölt,
So es sim sun Jesu Christo gfelt.

Nun bindend sy den Thellen uf, unnd er stadt an das rûder und spricht:

    Lieber farend yetz ein wenig schnell,
So kommend wir yetz ûsz allem ungefell,
Dann wenn wir kommend für das eck,   375
So ist all unser sorg hinweg.

Nun nimpt der Thell sinen schieszzüg, als er zû der platten kam, und sprang zum schiff usz unnd stiesz das schiff von im. Der landtvogt spricht:

    Far nun hin, du magst mir nit entrünnen,
Ich wil dich noch frû gnûg finden.

Bl. 13b. Also zoch der Thell den berg uf gegen Schwytz | unnd verbarg sich by der holen gassen, daher der vogt ryten müszt, dann er fûr noch ein klein uff dem wasser, do lendet er und sitzt uff sin pferdt, unnd als er in die holen gassen kumpt, so schüszt in der Thell zetod. Und nach dem gieng der Thell wider zû sinen gesellen, so redt Uly von Grûb zû im:

    Etter Thell, wir hattend uns verwägen,
Wir gsähend dich nimmermer by läben.   380
Darumb sage uns, wie ists dir ergangen?
Dann uns vast übel thût verlangen.

So kumpt ouch zû inen Cûnno Abaltzellen, und der Thell redt also:

    Lieben fründ, ich meint, es wer bschehen,
Ich wurde Ury nit mee sehen.

Ich rûfft aber Gott so trüwlich an, 385
Der mir mit siner gnad that bystan.
Dann als wir kamend den Achsen für,
Kam ein wind gantz ungehür,
Das wir vermeintend zů ertrincken,
Und das schiff wurd gar versincken. 390
Zehand mich der vogt entbinden liesz,
Do sprang ich usz, dasz schiff ich von mir stiesz
Und lüff zů stund in die hole gassen
Und wartet desz vogts in der strassen.

Bl. 11. Ich han in in geschossen ein pfyl, 395
Das er zetodt ab sinem pferdt fiel.
Nun wüssend ir, was er gehandlet hat
Mit mann und frouwen frů und spat.

So redt Cůnno Abaltzellen:

Cůnno Abaltzellen bin ich genannt,
Und von Underwalden usz dem land. 400
Als eins mals ich in das holtz thet gon,
Hat sich der vogt zů miner frowen thon,
Warb ouch umb sy vast hitzigklich,
Do das nit halff, understůnd er sich
Sy also gwaltigklich zů nöten 405
Oder sy darumb zů ertödten.
Ye zů letst zwang er sy ein bad zů machen,
Meint, sy můszt verwilgen in den sachen.
In dem thet ich usz dem holtz kommen,
So sagt sy mir, was sy hat vernommen. 410
Do gab ich im warms mit einem schlag
Und gsägnet im mit einer achsz das bad,
Das er da tod lag in der standen.
Also macht ich mich usz den landen.
Nun begäre ich in üwern bundt, 415
Ich hoff, es syg ein gůte stund.

Bl. 14b.   Der Stouffacher von Schwytz.

     Lieben fründ, mich bdunckt, es sy nun gnůg,
Die grosz schand, laster und unfůg,
Ouch übermůt und tyrannisch zwang,
So wir von herren im end und anfang   420
Hand gelitten in mancherley gstalt.
Billich wir uns hůtend vor sölchem gwalt,
Das wir den nit mer lassind yn
Und nun fürhin lassind dussen syn.
So sind unser nun so vil im bundt,   425
Das wir sy rütend gantz usz dem grundt
Wol mögend, so wirs wöllend thůn,
So kommend wir zů frid und sůn.

               Also redt Uly von Grůb:

     Uly von Grůb thůt man mich nennen,
So gib ich mich üch zů erkennen,   430
Das wir disz sach nun fahind an
Und ouch anzeigind dem gmeinen mann
Und sagind inen butz und styl.
Ist denn yemant, der nit volgen wil
Und on die herren nit mag halten husz,   435
Der far mit inen zum loch usz.

Bl. 15.   So redt Erni usz Melchthal:

     Lieber lassends uns fahen an,
So kommend wir flugs uff die ban.

Nun gond sy zum rechten hufen des volcks, und redt der Thell
               zů der gmeind:

     Ir erbaren frouwen und bydermann,
Ir wüssend, wie die sachen stan,   440
Wie es dann mir ouch ist ergangen
Mit minem kind von dem tyrannen,

So ich dem viltzhůt nit hat eer anthon.
Wie wurd es erst mit andrem gon?
Ouch wie es sich zů letst hat geendet, 445
Darumb so hand wir für üch gewendet.
Ouch was der vogt mee hat gethan,
Es syg mit frouwen oder mann,
Das ist üch alles wol yngedenck.
Darumb sind unlydlich dise schwenck. 450
Ich acht, es syg üwer keiner so gůt,
Er hab mit im triben sin übermůt.
Darumb so hand wir uns vereint,
Das wir iren schlechtlich nůmmend wend,
Wend ouch anfahen ire schlösser brechen 455
Und uns dapffer an inen rechen.

Bl. 15b. Sölichs hand wir geschworn ze halten,
Wär uns dann disz wölle helffen schalten,
Der mag sich ouch thůn in unsern bundt,
Trüwen zů Gott, es syg ein sälige stund. 460

Die gemeind redt einhelligklich:

Ach herre Gott, wie gnädigklich
Hast uns erhört in dinem rych!
Darumb so wend wir zů üch stan,
Nun gebend uns schnell den eyd an.

Der Thell gibt inen den eyd:

Das wir keinen tyrannen mee dulden, 465
Versprechend wir by unsern hulden.
Also sol Gott vatter mit sim sun,
Ouch heiliger geist uns helffen nun.

Der viert herold.

O du rycher Christ von himmelrych,
Wär mag dir dancken vollkommenklych
Der gnad, so du uns hast erzeigt,
Und dich so vätterlich geneigt
Unsern altvordern stäg und wäg geben,
Das sy möchtend fristen ir läben.
Dann wie sy zum ersten her sind kommen
Zů fryheit, hand ir wol vernommen.
Das ist ongefarlich beschehen
Nach Christi geburt, mag ich yehen,
Tusent zweyhundert und ouch darzů
Sechs und nüntzig ich sagen thů.
Do hand sich zum ersten die dry land
Erlediget von der tyrannen hand
Und also zůsamen sich verbunden.
Nun merckend mee zů disen stunden:
Ein jar darnach gantz gütigklich
Ergabend sy sich dem römischen rych
Und küng Adolff dem frommen.
Also sind sy wider an das rych kommen
Und dem selben allein zůbekennt
Und ouch dem rych frylüt genennt.
Welches die hertzog von Oesterrych
Hat verdrossen gar mächtigklich,
Hand uns das wöllen fürkommen,
Desz hand sy grossen schaden gnommen.
Doch ist die sach also bliben stan,
Umb anderer gschäfft halb zů räwen glan,
Bisz das keiser Heinrich ist gestorben,
Do sind zwen römisch küng erwelt worden,

Bl. 17. Der ein was hertzog zů Oesterrych
Und was genent Fridrych, 500
Der ander von Beyrn Ludwig genant,
Im römisch rych gar wol bekant.
Der selbig bhielt wider disen Fridrych
Gewaltigklichen das römisch rych.
Nun sind aber vil hertzog gwesen 505
Von Oesterrych, also thůnd wir lesen.
Do besassend sy vil lüt und landen,
Der einer ist gesyn vorhanden,
So über das Ergöw geherrschet hat,
Sungöw und im Elsesz gefůret sinen staat, 510
Des nammens Lüpolt ist er gsyn,
Der wolt an die dry lender hin,
Ist mit sinem züg gen Zug kon,
Für Egery hin wolt er underston
Gen Schwytz in das land ze kommen, 515
Also hands die dry lender vernommen,
In am Morgengarten entgegen zogen,
Das ist war und nit erlogen,
Hand in wider hindersich gschlagen,
Ouch im Morgengarten umb thůn jagen. 520
Das ist beschehen, als ich üch sag,
Uff sambstag nach sant Martins tag
Im tusent dryhundert jar

Bl. 17b. Nach Christi gburt und fünfftzehen zwar.
Do hand sich erst die dry lender schon 525
Mit eyd und glübt verbinden thon
Und hand ein bundt zesamen gschworen,
Mit brieff und sigel thůn bewaren,
Wie dann uszwyszt desz selben bundts sag,
Am zinstag nach sant Niclaus tag 530
Ist das beschehen im gmelten jar.
Der ist ouch vest bestanden zwar,
Bisz sich die von Lucern ouch hand

Verbunden mit irer statt und land.
Das nach Christi geburt ist bschehen
Tusent dryhundert, thůn ich veryehen,
Und im zwey und dryssigsten jar.
Was mee bschach, ich üch offenbar:
Bisz her hand sy sich fast gemeret,
Die vier waldstett unverseret,
An land und lüt ouch zůgenommen,
Bisz aber ein hertzog ist kommen,
Ouch Lüpolt genant von Osterrych,
Doch nit der vordrig, merck eben mich.
Diser ist für die statt Sempach zogen
Mit sampt uszerlesznem rogen
Des adels, ritter von vil orten har,
Vermeint do zů verderben gantz und gar
Die Eydgnossen in statt und land,
Sy sind im bgegnet bald zehand,
Im sin züg zetod erschlagen,
Sy gantz usz dem land verjagten.
Das ist beschehen uff möntag,
Was desz heiligen Cyrillus tag
Und ouch nach Christi gburt fürwar
Tusent dryhundert sechs und achtzig jar.
Erst sind die Eydgnossen ufkon,
Stett und lender zů inen gnon,
Gewunnend vor und nach vil stryt.
Wie die beschahend zů irer zyt,
Das wer hie zů erzellen zevil,
Wiewol ich etlich anzeigen wil,
Namlich am Brünig und Büchenast
Und zů Loupen ouch gestritten fast,
Zů Wesen, Bellentz und an der Birsz,
Da menger bydermann ist gangen irsz,
Ouch an dem Bůchberg mit stoltzem můt,
Zů Dieszhofen und ouch Waltzhůt,

Ouch zů Ragatz, Girnisz und Castiun,
Wider den hertzog Karle von Burgund, 570
Es syg zů Elikurt und Gransso,
Deszglychen zů Murten, ouch Nüsc,
Desz Schwabenkriegs ich nit vergisz,
Und was ouch gschach zů Lugkarisz,
Desz selben glychen im winterzug, 575
Desz bericht ich üch on all betrug,
Wie vil ouch von lüten und land
Sind kommen in der Eydgnossen stand.
Was glücks uns Gott verlyhen hat,
Uns geholffen in so menger that, 580
Darumb wir im billich dancken thůn,
In ouch bittend umb frid und sün,
Das er fürhin uns wölle gäben
Nach diser zyt das ewig läben.

Der beschlussz.

Bl. 19.

Fürsichtig, gnädig und wysen, 585
Losend ein klein mir alten grysen,
So ir doch yetz sind wol bericht,
Hand wol gsehen desz Thellen gschicht,
Darzū wie er in fryheit kam
Und die dry lender hand zŭgnan, 590
Deszglychen zŭ Rom ist ouch beschehen,
Das thŭn ich in der warheit yehen.
Do die tyrannen wurdend verjagt,
Do strittend die Römer unverzagt,
Sy griffend die sach ouch wyszlich an, 595
Drumb Rom überschwencklich zŭnam,
Diewyl sy in einigkeit läbtend,
Nach frommkeit und eeren sträbtend
Und ouch liebtend den gmeinen nutz.
Darumb sag ich on allen trutz: 600
So bald sy thatend fallen in schand,
Do verlurend sy all ir stett und land
Und wurdend gar und gantz zŭ nüt.
Ursach was ir grosser eergyt,
Dann einer übern andern wolt syn, 605
Sy staltend nach grossem gŭt und gwinn,
Etlich vil in unküscheit läbtend
Und nach aller füllery sträbtend.
Sy schlŭgend den gmeinen nutz hindan,

Bl. 19b.
Und thet der einig nutz vorgan, 610
Liebe und trüw ward gantz hingleit,
Desz kamend sy in grosz uneinigkeit,

Das sy einander schlagend zetodt
Und ir rych zerstört in grosser not.
Ir Eydgnossen, nemmend eben war, 615
Betrachtend disz spyl gantz und gar,
Wie wir Eydgnossen her sind kon,
Und unser regement hat zůgnon,
Diewyl liebe, trüw by uns ist gsyn.
Denckt an unsre altvordren hin, 620
Wie sy hand gläbt in einigkeit,
Was einer dem andern zů hat gseit,
By lyb und gůt in nit zů verlon,
Mit den wercken ouch das thon,
Das man sy also gförchtet hat, 625
Das sy ein grossen nammen und staat
Überkommen hand zů diser stund.
Darůmb so merckend den rechten grund:
So wir nun leider ouch sind gfallen
Und bhafft in sölchen lastern allen 630
Und wend darvon ouch noch nit ston,
Was wirt uns dann darnach kon?
Zertrennung und grosz uneinigkeit,
Krieg, tod, thürung und hertzleid,

Bl. 20.   Als ouch zum teil yetz ist vorhanden 635
Schier in allen stetten und landen.
Der somen der uneinigkeit
Ist langest gsäyet uff min eyd,
Wil aber yetz erst frücht geberen,
Mag ich yetz by diser zyt beweren, 640
So die geistlich hand gsůcht den fund
Und erweckt in unserm bundt
So grossen zwytracht in dem glouben.
Was möcht uns grösser syn vor ougen?
Sind wir doch nit ein zerteiltes rych? 645
Als Jesus Christ redt warlich
Matthei am zwölfften, und darby

Schrybt Lucas ouch im evangeli,
Im zehenden capitel zeiget er an:
Ein zerteilt rych musz ye zergan, 650
Es wirt ouch fallen husz uff husz.
Da mögend ir nun wol nemmen usz,
Wie gfärlich unser sachen ston.
Darumb sönd wir von sünden lan
Und den gyt in uns machen ring, 655
Verachten begird zytlicher ding,
Als man im bůch exodi list,
Das am dry und zwentzigsten uszwyst,
Ouch im bůch ecclesiastico
Bl. 20b. Am zwentzigsten capitel findst du do, 660
Wie miet und gaaben verblenden
Die ougen der urteilenden.
Ouch daselbst am fünfften capitel stadt:
Nit bisz sorgsam so tradt
In den unrechten grichten, 665
Dann sy ein bösz alter schlichten
An dem tag der begrebtnusz und raach.
Nun losend eben, was hernach
In ecclesiastes also anfacht,
Am fünfften capitel geschriben stadt: 670
Wo vil rychthumm werdend besessen,
Da sind ouch vil, die dasselb essen.
Was thůt den nützen sin rychthumm,
Dann das ers sehe vorn ougen umb?
Es sagt uns ouch Mattheus der fromm 675
Gar heiter im evangelium,
Am nüntzehenden thůt das ston:
Dem kemmelthier ist lychter zů gon
Durch das nadelor, sage ich,
Dann dem rychen in das himmelrych. 680
Der eebruch thůt ouch fast regieren,
Der ouch macht land und lüt verlieren,

Als wir nemmend by Troya war,
Die durch die unküscheit zerstöret gar.
Die gschrifft uns darvor warnen thůt, 685
Das nemmend war by der sündflůt,
Ouch by Sodoma und Gomorra,
Die mit dem hellschen fhür verbran,
Genesis das bůch uszwyset,
Das man am nüntzehenden liset. 690
Es sagt uns der heilig Paulus gůt
In der epistel, die er bschryben thůt
Zů den Ephesern, da es glat
Am fünfftzehenden capitel gschriben stadt,
Das ein yegklicher unküscher, 695
Ouch unreiner und gytiger
Ist ein diener der abgöttery,
Hat kein theil an dem rych Christy.
Was sol ich aber von füllery sagen,
Darinn wir gantz und gar sind bladen 700
Die lantzknecht, die wir etwan hand
Für unsere gröste fiend erkant?
Was uns die gschrifft sagen thůnd,
Wil ich üch yetzund machen kund:
Zum ersten, was Judith hat gethan 705
Mit Holoferne dem trunknen mann
Im bůch Judith am drytzehenden,
Das da ist kund allen läsenden.
Schend ouch den propheten Daniel,
Welcher von füllery läsen wöl, 710
Was end das selb genommen hat,
Als am viertzehenden capitel stadt.
Ecclesiasticus thůt uns sagen,
Das wir am ein und dryssigsten haben:
Zů vil wyn getruncken machen ist 715
Ein verderbnusz der seel sonder list.
Ouch sagt im evangelium Lucas,

Am ein und zwentzigsten findst du das,
Das wir uns hütind vor unküscheit,
Darzů in beschwert der trunckenheit, 720
Ouch anderer sorg diser welt,
Das uns küng David ouch erzelt,
Besser syg ein wenig dem gerechten,
Dann grosse rychthumm dem hochbrechten,
Im psalmen sechs und dryssigsten 725
Magst du läsen zum flyssigsten.
So wir nun so vil exempel hand,
Ouch alle geschrifft voll stand,
Sönd wir uns keren gegen Gott,
Den selben bitten on allen spott 730
Umb sin milte gnad und barmhertzigkeit
Und lassend die sünd syn hertzlich leid
Und nit wie die glychszner hand gethon,
Unser gebätt sol usz dem hertzen gon,

Bl. 22. Als des offnen sünders im tempel, 735
By dem sönd wir nän ein exempel.
So tröst uns denn die heilig gschrifft,
Darzů unser erlöser Jesus Christ,
Als Joannis am sechtzehenden stadt,
Da Christus die wort geredt hat: 740
Was ir sind bitten in minem nammen,
Der vatter gibts üch alles samen.
Ouch Marcus am andern capitel
Und ouch Lucas on alles mittel
Stadt gschriben am fünfften derglych: 745
Nit den gerechten kommen ich
Zů berůffen, aber die sünder wol.
Ecclesiasticum man ouch lesen sol,
Am sibentzehenden da stadt es,
Die grosz barmhertzigkeit Gottes 750
Und sin versünnung denen, die sich
Zů im bekerend hertzigklich.

So wir so ein milten Gott hand,
Der uns sine kinder hat genant,
So wirt er uns ouch nüt versagen
Und alles bösz von uns thůn jagen,
Ja wenn wir uns von sünden keren.
Darumb ir wysen und lieben herren,
Wöllend von uns nit für übel han
Im besten disz spyl gfangen an,
Empfahends von uns in gůtem bscheidt,
Desz helff' uns die heilig dryfaltigkeit.

Des narren beschlussz.

Wiewol ich bin ein torecht mann,
So wil ich sprüch ouch zeigen an.
Ich bitt, ir wöllind mich nit verachten, 765
Dann disz sönd wir ouch wol betrachten,
So wir müssend in unsers vatterland,
Das uns allein die werck nachgand.
Sind sy gůt, so werdend wir ir gniessen,
Sind sy bösz, so wirts uns übel erschiessen. 770
Achtends nit, das ich bin ein narr,
Sagend nit kind und narren ouch war?
Dann nächten spat an minem bett
Mir sölichs alls getroumet hett.
Drumb londs üch han ein narren gseit, 775
Das red ich ouch by minem eyd.
1. 23. Dann er ist herr und blybt ewig,
Durch syn sun werdend wir sälig.
Vereerend wir den und bittend in,
So thůt er uns siner hilffe schyn. 780
Wär das veracht, verderbt sin seel
In die verdamnusz und ewig hell.
Darumb ir frouwen und ir mann,
Lond üch den spruch zů hertzen gan
Und thůnd von üwern sünden ston, 785
So wirt uns Gott ouch nit verlon.
Unsre altvordern hand sich thůn massen,
Darumb hat sy Gott nie verlassen.

Ich hoff, wir söllend nachfolgen in,
Des wir werdend han grossen gwinn,
Darzû helff uns die dryfaltigkeit,
Das wir all läbind in einigkeit.
Sy hand uns noch nie verlan
Und thûnd allzyt trüwlich by uns stan.
Wir söllend uns all han zûsamen.
Wär das begert, der sprech Amen.

End disz spyls.

Berichtigungen und Nachträge.

Zu S. IX, Zeile 12 lies: 694 und 712 statt: 695 und 713, Z. 21: 701 statt: 702.

Zu S. XI. Ueber die Einzeichnung des Landsgemeinde-Beschlusses vom 21. Juni 1489 in verschiedene Urner Jahrzeitbücher vgl. Kopp, Geschichtsblätter aus der Schweiz I, 317.

Zu Vers 187. Während der Correctur ist mir eine Vermuthung, die ich in Betreff dieses Verses schon bei der Abfassung meiner Arbeit über die Waldstädte gehabt, zur Gewiszheit geworden, dasz derselbe nämlich ebenso wie die S. IX des gegenwärtigen Schriftchens aufgeführten Stellen durch den Drucker verderbt worden ist und ursprünglich etwa gelautet hat:

> Welches diszhalb dem Mitenstein lyt

(vergl. Waldstädte S. 36 und 59 die Berichte des weiszen Buches und Etterlins, und S. 119 Anm. ** das Schwanken Tschudis).

Zu Vers 515. Das Wort ‹land› fehlt im Texte unsrer Ausgabe.